John Keats

La Veille de la Sainte-Agnès

Table des matières

I 4

II 5

III 6

IV 7

V 8

VI 9

VII...10

VIII 11

IX 12

X 13

XI...14

XII..15

XIII 16

XIV 17

XV..18

XVI 19

XVII 20

XVIII..21

XIX 22

XX...23

XXI 24

XXII 25

XXIII 26

XXIV 27

XXIV 28

XXVI 29

XXVII 30

XXVIII 31

XXIX 32

XXX 33

XXXI 34

XXXII 35

XXXIII 36

XXXIV 37

XXXV 38

XXXVI 39

XXXVII 40

XXXVIII 41

XXXIX 42

XL 43

XLI 44

XLII 45

I

La veille de la Sainte-Agnès, ah ! comme le froid était âpre !

Le hibou, malgré toutes ses plumes, était perclus.

Le lièvre boitait, tout tremblant, par l'herbe glacée

Et silencieux était le troupeau dans son bercail laineux.

Gourds étaient les doigts du diseur de chapelets

Tandis qu'il égrenait son rosaire et que son souffle glacé

Comme pieux encens montant d'un encensoir antique

Semblait, avant la mort, s'envoler vers le ciel,

Et passait devant l'image de la douce Vierge cependant qu'il
disait sa prière.

II

Il dit sa prière, ce patient, ce saint homme

Puis prend sa lampe, se lève de sur ses genoux

Et s'en vient, maigre, pieds nus, hâve,

À petits pas au long des bas-côtés de la chapelle,

De chaque côté les gisants sculptés semblaient transis

Emprisonnés de sombres grilles de purgatoire ;

Chevaliers, dames, mains jointes, priant en muettes oraisons

Défilaient près de lui ; et son faible esprit défaille à songer

Combien ils doivent souffrir sous ces casques et ces cottes
de maille glacés.

III

Il se tourne vers le nord, prit une petite porte

À peine a-t-il fait trois pas que la langue d'or de la musique

Alanguit jusqu'aux larmes sa pauvre vieillesse ;

Mais non, déjà son glas de mort avait sonné,

Les joies de toute sa vie étaient dites et chantées.

Il n'avait, lui, que la dure pénitence en la veille de la Sainte-
Agnès.

Il prit un autre chemin et bientôt parmi

Des cendres grises il s'assit pour le rachat de son âme

Et toute la nuit veilla, pleurant pour la grâce des pécheurs.

IV

Ce vieux diseur de chapelets entendit les suaves préludes

Car plus d'une porte était grande ouverte

Pour laisser passer la foule qui se hâtait. Bientôt d'en haut

Tombèrent les rauques grondements des trompettes d'argent,

Les vastes pièces déjà toutes glorieuses

Étaient ardentes pour recevoir un millier de convives ;

Les angles sculptés aux yeux éternellement guetteurs

Épiaient sous les corniches que soutenaient leurs fronts,

Les cheveux soulevés comme par le vent, les ailes croisées sur la poitrine.

V

À la fin déborda la claire fête éblouissante

En plumes, en diadèmes, et son riche déploiement

Nombreux comme les féériques voisins qui hantent

Les cervelles juvéniles et les peuplent du gai triomphe

Des vieilles légendes. Mais oublions ceux-là

Et que notre seule pensée soit pour une dame

Dont le cœur tout ce long jour d'hiver

S'est repu d'amour et du saint culte de sainte Agnès ailée ;

Maintes fois elle avait entendu les vieilles dames en parler.

VI

Elles lui avaient dit comment la veille de Sainte-Agnès

Les jeunes vierges pouvaient avoir des visions délicieuses

Et recevoir la douce adoration de leurs amoureux

Vers l'heure de miel du milieu de la nuit

Si elles savaient accomplir les rites propices !

Sans souper elles devaient reposer leurs beautés,

S'allonger la face au ciel, tels des lys immaculés

Nul regard en arrière, ni autour d'elles, mais requérir

Du ciel les yeux levés, tous leurs désirs.

VII

Toute à cette fantaisie était la pensive Madeleine

En vain la musique gémissait ;

Comme un dieu supplicié d'amour ses divins yeux de vierge

Fixés à terre voyaient bien plus d'une traînée bruissante

Passer sans y prêter attention ; en vain

S'approche à pas légers quelque bel amoureux

Qui bientôt s'en va découragé mais non par un froid dédain,

Car ses yeux ne voyaient point ; son cœur était ailleurs

Et soupirait après les songes d'Agnès, les plus doux de
l'année.

VIII

Elle tournoyait les yeux vagues, sans pensées,

La bouche tourmentée, la respiration rapide et oppressée,

À l'approche de l'heure sainte, elle soupirait

En entendant les tambourins, et parmi l'affluence serrée

Des chuchoteurs mécontents ou joyeux.

Et sous tous ces regards amoureux, défiants, envieux, mépri-
sants

Aveuglée par l'attente féerique, et comme morte

À tout ce qui n'était pas sainte Agnès et ses agneaux aux
blanches toisons

Et toute cette joie qui serait sienne avant le jour.

IX

Ainsi voulant à chaque moment partir

Elle s'attarde encore. Cependant à travers la lande s'avance

Le jeune Porphyro, le cœur brûlant pour Madeline. Près du
    porche d'entrée

Dans l'ombre massive portée par la lune il s'accoude et il
    implore

Tous les saints de lui donner la vue de Madeline

Pour un instant seulement pendant ces heures interminables,

Et qu'invisible il puisse en la contemplant l'adorer

Et peut-être lui parler à genoux, l'effleurer de la main, des
    lèvres,

En vérité il advient parfois de pareilles choses !

X

Il s'aventure – qu'aucun bruit chuchoteur ne le dénonce

Que les yeux soient voilés ; ou bien cent lames

Vont assaillir son cœur, citadelle du fiévreux amour,

Ces salles regorgent pour lui de hordes barbares

D'hyènes ennemies, de lords au sang trop chaud

Dont les chiens eux-mêmes hurleraient exécration

Sur toute la lignée ; aucune poitrine ne lui accorderait pitié

Dans toute cette maison impure

Sinon une vieille, faible de corps et d'âme.

XI

Oh ! favorable chance ! la vieille tremblotante

S'appuyant sur baguette à tête d'ivoire

Se traîne jusqu'à lui qu'abritait contre la flamme des torches

Un vaste pilier, très loin

Des rumeurs joyeuses, et des chants suaves :

Elle tressaille à sa vue ; mais en reconnaissant son visage

Elle saisit ses doigts de sa main tremblante

Et dit : Par pitié, Porphyro, enfuis-toi d'ici

Ce soir elle est ici toute entière, la bande assoiffée de sang.

XII

Hors d'ici, hors d'ici ! Ne vois-tu pas Hildebrand le nain ;

Pendant ses fièvres dernièrement il jetait ses malédictions

Sur toi, les tiens, ta maison, tes biens,

Puis il y a Maurice ce vieux lord, que ses cheveux gris

N'ont pu refroidir. Malheur sur moi ! Va-t'en !

Fuis un fantôme ! – Ah ! chère commère,

Ne sommes-nous pas en sûreté ici ? dans ce fauteuil laisse-
    moi choir

Et dis-moi comment..., « Saints du Ciel, pas ici,

Suis-moi, mon enfant, ou, tu le verras, ces pierres devien-
    dront ta tombe. »

XIII

Il suivit un chemin aux voûtes abaissées,

Balayant les toiles d'araignées de ses hautes plumes

Et tandis qu'elle murmurait encore : Ah malheur ! ah mal-
heur !

Il se trouva dans une petite chambre toute pleine de lune

Blanche, lambrissée, froide et muette comme une tombe,

– Et maintenant dites-moi où est Madeline, dit-il,

Ô dites-moi, Angèle, par le saint métier

Que nul ne peut voir, sauf les initiées du fraternel secret,

Quand par elles la laine de sainte-Agnès est tissée pieuse-
ment.

XIV

Sainte Agnès ! ah ! c'est la veille de la Sainte-Agnès,

Et cependant les hommes restent meurtriers même en ces
    jours sacrés,

Il faudrait pouvoir retenir l'eau dans le tamis des sorcières

Et être le tout-puissant seigneur des Elfes et des Fées,

Pour t'aventurer ainsi ! Cela me remplit de stupeur

De te voir, Porphyro, la veille de la Sainte-Agnès.

Dieu m'aide ! ma dame jolie fait la magicienne,

Ce soir – que les bons anges la déçoivent !

Mais laisse-moi rire en ce moment – j'ai moult temps de
    pleurer.

XV

Faiblement elle rit sous la lune alanguie,

Pendant que Porphyro regarde fixement,

Comme l'enfant perplexe regarde une vieille grand'mère,

Qui tient fermé le beau livre des merveilleuses énigmes,

Tandis que ses bésicles sur le nez elle siège au recoin de
    l'âtre,

Mais ses yeux se mettent bientôt à briller, pendant qu'elle
    raconte,

Le projet de sa dame, et il peut à peine l'entendre

Sans larmes, à la pensée de ces froids maléfices,

Et de Madeline assoupie au sein de légendes vieilles.

XVI

Une idée soudaine lui vint comme une rose épanouie,

Empourprant tout son front, et dans son cœur endolori

Fit un rouge tumulte, alors il proposa

Un stratagème à la vieille qui la fit sursauter :

« Tu es un homme impie et cruel :

– La jolie dame, laisse-la prier, sommeiller et rêver

Seule avec les anges, bien loin

Des mauvais hommes de ta sorte. Va – va – je ne te crois plus,

Celui que tu me semblais être.

XVII

« Je ne lui ferai pas de mal, par les saints je le jure »,

S'écria Porphyro : « Ô puissé-je ne plus trouver grâce,

Quand ma faible voix murmurera sa prière dernière,

Si je déplace une de ses douces boucles,

Si je regarde avec une passion brutale son visage,

Bonne Angèle, croyez-moi, par ces larmes,

Ou bien je vais dans l'espace d'un moment

Éveiller, d'un horrible cri, les oreilles de mes ennemis,

Et les défier, eussent-ils plus de crocs que des loups et des
　　ours. »

XVIII

– Ah ! pourquoi veux-tu effrayer une âme faible,

Pauvre, dolente, frappée de paralysie, proche du cimetière,

Dont le glas peut sonner avant minuit,

Dont les prières pour toi, chaque matin et soir,

N'ont jamais été oubliées. – Gémissant ainsi elle inspire

De plus douces paroles au brûlant Porphyro,

Si malheureux, si profondément affligé,

Qu'Angèle promet qu'elle fera

Tout ce qu'il désire, qu'il en advienne bien ou mal pour elle.

XIX

Et elle lui promet de l'amener, en profond secret,

À la chambre même de Madeline, et de l'y cacher

Dans un cabinet si privé

Qu'il pût voir sa beauté sans être espionné

Et gagner peut-être cette nuit une fiancée incomparable

Pendant que les fées en légion dansent sur la courtepointe

Et qu'un pâle enchantement tient ses paupières closes.

Jamais en une nuit pareille ne se rencontrèrent des amants

Depuis que Merlin paya à son démon toute la monstrueuse
    dette.

XX

« Ce sera comme tu le désires, dit la vieille,

Des mets délicats, des friandises seront réunis là

Vivement pour cette fête de nuit

Tu verras son propre luth près du métier à broder.

Nul temps à perdre, car je suis lente et faible,

Osant à peine confier cette mission à ma tête étourdie.

Attends ici, mon enfant, avec patience, agenouille-toi en
    prière

Pendant ce temps – ah ! il faudra bien que tu épouses la
    dame,

Ou puissé-je ne jamais quitter ma tombe d'entre les morts.

XXI

Ce disant, elle s'en alla en clopinant, tremblante de hâte et
    de peur.

Les minutes interminables de l'amant s'écoulent avec len-
    teur.

La bonne dame revient, et lui murmure à l'oreille

De la suivre, ses yeux de vieille rendus hagards

Par la crainte de voir luire des yeux dans les ténèbres.

Par de sombres galeries, ils passent saufs, et atteignent enfin

La chambre de la demoiselle, soyeuse, silencieuse et chaste

Et Porphyro s'y blottit, tout joyeux.

Son pauvre guide s'éloigne avec hâte, le cerveau frissonnant
    de fièvre.

XXII

La main hésitante sur la rampe,

La vieille Angèle cherchait des pieds les marches

Quand Madeline, vierge charmée de sainte Agnès,

Surgit comme un esprit annonciateur

À la lumière d'un flambeau d'argent. Avec un soin pieux

Elle revient, et conduit la vieille commère

Jusqu'à un palier natté et sûr.

Maintenant prépare, jeune Porphyro, tes regards pour cette couche.

Elle vient, elle revient, telle une colombe effrayée qui s'enfuit.

XXIII

Le flambeau s'éteint comme elle rentre avec hâte

Sa légère fumée meurt dans le pâle clair de lune

Elle clôt la porte, elle palpite, sœur

Des esprits de l'air, et des visions éperdues.

Qu'aucune syllabe ne s'exhale, ou malheur à elle :

Mais à son cœur, son cœur parlait profusément

Endolorissant de son éloquence son flanc embaumé

Tel un rossignol privé de voix enfle

Son gosier en vain, et meurt dans un vallon étouffé par son
    cœur !

XXIV

Une haute fenêtre dressait là ses trois arceaux

Toute enguirlandée de sculptures,

De fruits, de fleurs et de gerbes de renouée

Et losangée de vitres aux bizarres dessins,

Aux nuances, aux taches splendides innombrables

Comme les ailes d'une phalène tigrée de pourpre sombre

Et au centre parmi cent emblèmes héraldiques

Les saints crépusculaires, le blason pénombreux,

Un bouclier armorié rougissait du sang de reines et de rois.

XXIV

Sur la croisée brillait en plein la lune d'hiver,

Jetant de chaudes gueules sur le sein de Madeline

Comme elle s'agenouillait pour demander au ciel grâce et
bénédiction.

Une rose lueur tombait sur ses mains unies en prière

Et sur sa croix d'argent, une douceur d'améthyste,

Et sur ses cheveux une auréole comme aux saintes :

Elle semblait un ange resplendissant, nouvellement paré

Auquel seules manquent des ailes pour le ciel : Porphyro se
sentit défaillir,

Elle était agenouillée, si pure, si dégagée de souillures mor-
telles.

XXVI

Mais le cœur de Porphyro renaît ; ses prières du soir dites,

De toutes ses perles tressées elle délivre ses cheveux,

Détache un à un ses bijoux, tièdes de sa chair,

Délace son corsage parfumé ; peu à peu

Ses riches vêtements glissent en bruissant jusqu'aux genoux :

La voilant à demi telle une sirène dans les algues,

Pensive, un instant elle rêve toute éveillée, et imagine

Qu'elle voit la belle sainte Agnès sur son lit

Mais n'ose pas se retourner ou le charme va s'envoler.

XXVII

Bientôt tremblante de la douceur frileuse du nid

Comme en une sorte d'évanouissement conscient, elle re-
pose perplexe,

Jusqu'à ce que les chauds pavots du sommeil accablent

Ses membres épuisés et son âme emportée de fatigue :

Envolée comme une pensée jusqu'au jour prochain

Délicieusement abrité dans ce port contre les joies et les
douleurs,

Close comme un missel où prient des païens basanés,

Défendus autant contre le soleil que la pluie

Comme si une rose se refermait, et bouton redevenait.

XXVIII

Entré furtivement dans ce paradis et tout extasié

Porphyro regarde longuement les vêtements vides de Made-
line,

Écoute son souffle pour voir s'il ne devait pas

Se transformer dans la tendre et profonde respiration du
sommeil,

Il respire alors lui-même ; et du réduit il se glisse

Aussi silencieusement qu'un homme terrifié dans une vaste
solitude

Et sur le tapis sourd en silence il se glisse

Et à travers les rideaux regarde : oh ! comme profondément
elle dort !

XXIX

Alors près du lit où la lune déclinante

Fait un terne crépuscule d'argent, doucement il pose

Une table et encore anxieux y jette

Une étoffe tissée de pourpre, d'or, et de jais.

Ô qui lui donnerait quelqu'endormeuse amulette de Mor-
phée !

Le bruyant et joyeux clairon de ce minuit festoyant,

Les timbales, et les lointaines clarinettes

Vont effrayer son oreille, bien que les sons aillent en se mou-
rant ;

La porte de l'entrée se ferme de nouveau : tout bruit cesse.

XXX

Et elle dormait toujours, d'un sommeil aux paupières azurées

Dans le lin blanc, et doux et fleurant la lavande

Pendant que de sa cachette il rapporte un monceau

De pommes candies, de coings, de prunes, et de melons

Avec des gelées plus douces que la crème caillée

Et de radieux sirops au parfum de cannelle,

Du miel et des dattes apportés par des galions

De Fez, et des friandises épicées venant toutes

De la soyeuse Samarcande ou du Liban riche en cèdres.

XXXI

Et toutes ces délices il les entasse d'une main ardente

Sur des plats d'or, et dans des corbeilles brillantes

D'argent tressé, elles s'élèvent somptueuses

Dans la retraite calme de la nuit,

Emplissant la chambre fraîche de parfums légers.

Et maintenant mon amour, mon clair chérubin, éveille-toi,

Toi, tu es mon Ciel et moi ton ermite.

Ouvre tes yeux de grâce, pour la douce sainte Agnès

Ou près de toi, je vais m'assoupir tant mon âme est chargée
de souffrance.

XXXII

Murmurant ainsi, il glisse son bras chaud et fébrile

Sous les coussins. Le rêve de Madeline était abrité

Par la nuit des rideaux : c'était un philtre nocturne

Plus difficile à rompre qu'un torrent gelé.

Les étincelants plateaux reluisent sous la lune,

Les larges franges dorées traînent sur les tapis,

Jamais, jamais, lui semblait-il, il ne pourrait libérer

D'un aussi magique emprisonnement les yeux de sa dame.

Et ainsi rêva-t-il longtemps, emprisonné dans le réseau que
tissait sa fantaisie.

XXXIII

Mais enfin, il sortit de sa torpeur, et saisit le luth creux.

Et fiévreusement sur la tendre chanterelle

Il joue une ancienne chanson, depuis longtemps oubliée,

Appelée en Provence : la Belle Dame sans Mercy.

Et près de son oreille il joue la mélodie,

Qui la trouble, et doucement elle gémit.

Il cesse, elle soupire plus fort et soudain

Ses yeux bleus agrandis d'effroi brillent largement ouverts.

Il tombe à genoux pâle comme la lisse pierre sculptée.

XXXIV

Ses yeux étaient ouverts, mais elle gardait encore

Bien que tout éveillée la vision de ses songes,

Douloureux changement ! qui chassait ainsi

Les délices profondes et pures de son rêve.

La charmante Madeline commence à pleurer

En balbutiant des mots dénués de sens avec tant de soupirs

Et cependant son regard resta fixé sur Porphyro ;

À genoux, mains jointes et les yeux pitoyables

Il retient ses paroles et ses gestes tant elle avait l'air d'une
    qui rêve.

XXXV

Ah ! Porphyro ! dit-elle, il n'y a qu'un instant

Ta voix résonnait délicieusement à mon oreille

Faisant une tremblante harmonie de chacun de tes serments

Tes tristes yeux étaient vivants, pleins de douceurs et clairs !

Quel changement t'advint ? comme tu es pâle, glacial et
morne.

Rends-moi ta voix que j'entendais, mon Porphyro,

Ces regards infinis, ces plaintes trop aimées.

Oh ! ne me laisse pas dans cette affliction sans fin

Car si tu meurs, mon amour, que pourrais-je devenir ?

XXXVI

Emporté plus loin qu'une passion mortelle

Par ces voluptueux accents, il se lève

Séraphique, rayonnant et tel une étoile qui palpite

Dans le profond et calme saphir du ciel.

Il pénètre son rêve comme la rose

Confond son odeur avec celle des violettes :

En un mélange enivrant et cependant la bise gelée souffle

Et comme un signal d'alarme de l'Amour, le grésil aigu

Crépite sur les croisées : la lune de Sainte-Agnès disparaît.

XXXVII

Il fait sombre : et sous les rafales retentit la pluie serrée.

Ceci n'est pas un rêve, ô ma fiancée, ô Madeline,

Il fait sombre ; les souffles glacés se déchaînent et frappent
  follement.

Ceci n'est pas un rêve ? hélas ! hélas ! le malheur vient à moi.

Porphyro me laisse ici m'étioler et dépérir.

Cruel ! quel est le traître qui t'amena ici ?

Je ne crie pas mes plaintes, car mon cœur est enfermé dans
  le tien,

Bien que tu m'abandonnes et me trompes,

Colombe délaissée et perdue aux ailes brisées.

XXXVIII

Madeline ! ô bien-aimée ! douce rêveuse ! adorable fiancée !

Dis, puis-je être toujours ton vassal bienheureux ?

De ta beauté, le bouclier en forme de cœur et teint de
pourpre ?

Oh ! temple d'argent, c'est ici que je trouve le repos

Après tant d'heures de peines et de poursuites.

Je suis un pèlerin affamé et sauvé par miracle.

L'ayant trouvé, je ne saurai rien dérober de ton nid

Si ce n'est toi-même, ô douceur ! ne veux-tu pas te confier,

Belle Madeline, à des mains fidèles et qui ignorent la vio-
lence ?

XXXIX

Écoute ! cette tempête enchantée nous vient du pays fée-
rique !

Elle semble folle de haine, elle n'est que bienfaisante ;

Lève-toi – lève-toi – le matin est proche.

Les buveurs gonflés de vin ne prêteront nulle attention.

Viens, mon amour ! que nous partions avec une hâte heu-
reuse,

Il n'y a point d'oreilles pour entendre, point d'yeux pour
voir ;

Ils sont tous noyés dans les vins Rhénois et les boissons as-
soupissantes.

Éveille-toi ! lève-toi ! mon amour, et sois sans crainte,

Car vers le sud au delà des Landes, ta demeure t'attend !

XL

Elle se hâte à ces mots, assaillie par mille terreurs,

Car il y avait des dragons dormants autour d'elle

Ou peut-être aux aguets, les yeux étincelants, les lances en
avant.

En bas des grands escaliers ils trouvent un chemin enténé-
bré.

Dans toute la maison, nul bruit humain ne s'entend.

Au bout d'une chaîne une lampe se balance devant chaque
porte.

Les tapisseries riches de cavaliers, de faucons et de meutes

Tremblent assiégées par les hurlements du vent.

Et les longs tapis se soulèvent sur les parquets venteux...

XLI

Ils glissent, tels des fantômes, dans le vaste hall,

Tels des fantômes, sous le porche de fer ils se glissent.

Là où le portier gît étendu plein de malaise,

Près d'un profond pichet vidé,

Le vigilant chien de garde se redresse, le cuir hérissé,

Mais son œil sagace a reconnu une habitante.

Un par un, les verrous avec facilité cèdent,

Les chaînes tombent silencieuses sur les pierres usagées.

Les clés tournent, et la porte grince sur ses charnières.

XLII

Et ils sont partis – oui, il y a bien longtemps

Que ces amants s'enfuirent dans la tempête.

Cette nuit-là, le baron rêva de malheurs sans nombre

Et ses hôtes, les guerriers, torturés par des ombres et des
formes

De sorciers, de démons, de grandes larves de cimetières

Se débattirent dans les cauchemars. Angèle, la vieille,

Mourut tordue par une attaque, sa maigre face déformée.

Le diseur de chapelets, après son millième *Ave*

Pour toujours oublié s'endormit dans ces cendres glacées.